DUDEN

Arbeitsheft Deutsch 3

Herausgegeben von
Professor Dr. Hartmut Günther

Erarbeitet von
Helga Eichhoff, Gundula Feller,
Birgit Helfrich, Ellen Kuhrt,
Imke Quent, Simone Scheuer,
Annette Scholing-Grunert

DUDEN PAETEC Schulbuchverlag
Berlin, Frankfurt a. M.

Illustratorinnen
Anja Rieger, Barbara Gerth-Mohr, Tanja Székessy

1. Auflage
1 5 4 3 2 1 | 2010 2009 2008 2007
Alle Drucke dieser Auflage können im Unterricht nebeneinander benutzt werden.
Die letzte Zahl bezeichnet das Jahr dieses Druckes.

Internet: www.duden-paetec.de

Redaktion: Daniela Brunner, Düsseldorf / Evelyne Büssing-Lörcks
Herstellung: Manfred Jung
Satz und Reproduktion: tiff.any GmbH, Berlin
Layout und Umschlaggestaltung: tiff.any GmbH, Berlin
unter Verwendung einer Illustration von Julia Ginsbach
Druck- und Bindearbeiten: Holzhausen Druck & Medien GmbH, Wien

ISBN 978-3-89818-856-2

Inhaltsverzeichnis

(1) festigende Aufgaben
(2) Grundaufgaben
(3) Aufgaben mit erhöhtem Schwierigkeitsgrad
(4) Knobelaufgaben/hoher Schwierigkeitsgrad
nachschlagen

Wörter ordnen und finden

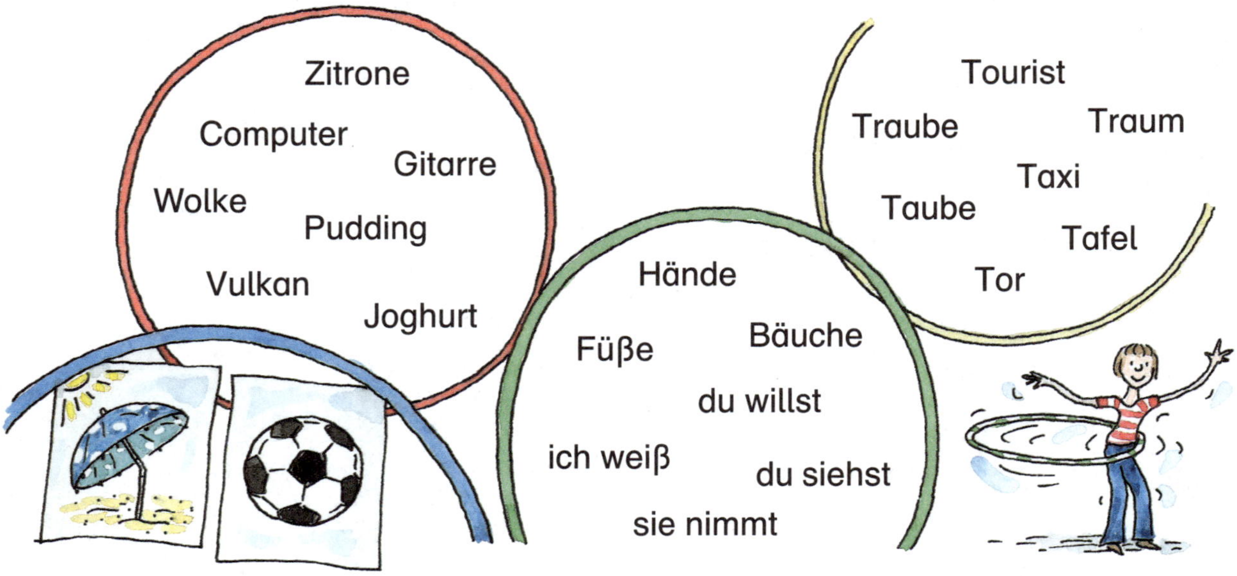

1 Schreibe die Wörter aus dem roten Reifen nach dem Abc geordnet auf.

2 Ordne die Nomen aus dem gelben Reifen nach dem Abc.

3 Zerlege die zusammengesetzten Nomen im blauen Reifen, suche die einzelnen Nomen in der Wörterliste oder im Wörterbuch und schreibe sie auf.

4 Schreibe die Wörter aus dem grünen Reifen so auf, wie sie in der Wörterliste oder im Wörterbuch stehen.

Silben mit kurzen und langen Selbstlauten

erste Silbe endet mit einem Selbstlaut, Selbstlaut ist lang	erste Silbe endet mit einem Mitlaut, Selbstlaut ist kurz
lesen	denken

1 Setze die Silbenschiffchen zusammen und trage die Wörter in die Tabelle ein.

Wörter üben

~~Tante~~ | Bruder | Gruppe | Mutter | Schwester | Vater

abschreiben, Silbenbögen und •, – setzen	überprüfen, verbessern oder Geheimschrift	Nomen: Mehrzahl
Tante		

2 Bearbeite die Spalten in der Tabelle.

Texte richtig abschreiben

Ferien an der Nordsee

Felix ist in den Ferien an der Nordsee. Am Strand sind viele Kinder. Sie spielen im Sand und bauen eine Burg. Felix findet schöne Muscheln. Manchmal gibt es hohe Wellen. Das Wasser ist kalt. Trotzdem badet Felix an jedem Tag.

1. Lies einen ganzen Satz.

2. Teile dir den Satz mit einem roten Stift in Abschnitte ein, die du dir merken kannst. Unterstreiche schwierige Stellen.

3. Lies den ersten Abschnitt und merke ihn dir.

4. Schreibe den Abschnitt aus dem Gedächtnis auf.
5. Mache es mit den übrigen Abschnitten ebenso.

6. Überprüfe Wort für Wort und verbessere deine Fehler.

1 Schreibe den Text ab. Achte auf die Arbeitsschritte.

Fehler finden üben

Aquariumsdienst

Der Fischdinst soll reglemäßig etwas Futer auf das Wasser streuen. Neben dem Aquarium hängt ein Kalenda. Hier wird der Fütterungstak eingetragen. Das thermometer muss die richtige Temperatur anzeigen. Unsere Fische brauhen eine temperatur zwischen 18 und 20 Grad.

1 Alina hat in ihrem Text acht Fehler gemacht. Unterstreiche die falschen Wörter und schreibe den Text noch einmal fehlerfrei auf.

Wörter mit *pf* und *qu*

Wir sitzen am Lagerfeuer und quasseln und quatschen quietschvergnügt mit der Pfarrerin und dem Pfarrer über Pferde, Pfannen, Pfeffer, Qualm, Quark und über die Pfadfinder.

1 Setze Silbenbögen unter die Wörter mit *qu* und mit *pf*.

2 Schreibe die Wörter mit *pf* und die Wörter mit *qu* in das passende Bild.

Wörter üben

quietschen | Pfanne | quasseln | pfeifen | Pfosten | Quadrat | quatschen | Pfütze

abschreiben und Silbenbögen setzen	überprüfen, verbessern oder Geheimschrift	Nomen: Mehrzahl Verben: wir-Form

3 Bearbeite die Spalten in der Tabelle.

Wörtertürme

F

FRIEDLICH

FREUNDLICH REAGIEREN RAUFEN ERZÄHLEN
ERLEBEN UNSINN UNTERSCHIED NETT
NACHHAUSEWEG DANKE DISKUSSION SUPER
SAMMELN COOL CLOWN HELFEN HEUTE
ALLES ALLEINE FREITAG FREI TROST TREFFEN

F			
R			
E			
U			
N			
D			
S			
C			
H			
A			
F			
T			

Name meiner Freundin/meines Freundes

1 Schreibe einen Wörterturm. Die Wörter auf der Pinnwand helfen dir.

2 Schreibe einen netten Wörterturm über deine Freundin oder deinen Freund. Verwende auch Wörter aus der Pinnwand oben, wenn sie passen.

Nomen

Pfütze Fisch Pflicht Quartier

Pfiff der die das Pferd

~~Vertrag~~ Lösung Freund Freundin Knopf

1 Verbinde die Nomen mit dem passenden Artikel.

Einzahl mit unbestimmtem Artikel	Mehrzahl mit bestimmtem Artikel
ein Vertrag	die Verträge

2 Suche dir sechs Nomen aus und schreibe sie in die Tabelle.

3 Schreibe drei Sätze zu den Nomen aus der Tabelle und verwende dabei nur unbestimmte Artikel.

Prüfe schlau – prüfe genau

der Hun…	→	die Hunde	der Hund
das Ra…	→	die	das
gel…	→	die Tonne	
sie f…hrt	(wir)	wir	sie
er l…uft	(wir)	wir	er
das R…tsel	(wir)	wir	das
das …est	Gg	die	das
der …bend	Gg	die	der
die …ause	Gg	die	die

1 Wie schreibt man richtig? Die Duden-Karten helfen dir.

MU…ER	◡		

2 Hier kannst du drei Wörter herausfinden.

Richtig oder falsch ???

Zelt	Zeld	→	Zelte, Zelt
Bletter	Blätter	♀♀♀	
liep	lieb	→	
er rennt	er rent	◡	

1 Begründe mit der Duden-Karte. Schreibe das Wort richtig auf.

2 Unterstreiche die Stellen, die du schwierig findest.

Wörter üben ♀♀♀

~~zählen~~ Freunde kräftig lächeln Feuer leuchten Käufer

abschreiben	überprüfen, verbessern oder Silbenbögen setzen	finde Verwandte ♀♀♀
zählen	zählen	die Zahl

3 Bearbeite die Spalten der Tabelle.

4 Wähle von den Übungswörtern drei Wörter aus und trage sie in deiner Wörterliste hinten im Arbeitsheft ab Seite 62 an dieser Stelle ein: ♀♀♀.

Adjektive vor Nomen

gut | toll | dick | wichtig | entscheidend | schnell | schön

Nico und Tom sind __________ Freunde.

Nico kann __________ Flieger bauen

und Tom ist ein __________ Fußballspieler.

Beim Klassenausflug spielen sie in zwei Mannschaften.

Da schießt Tom das __________ Tor.

„Mist“, denkt Nico, aber wir bleiben trotzdem __________ Freunde.

1. Lies den Text.

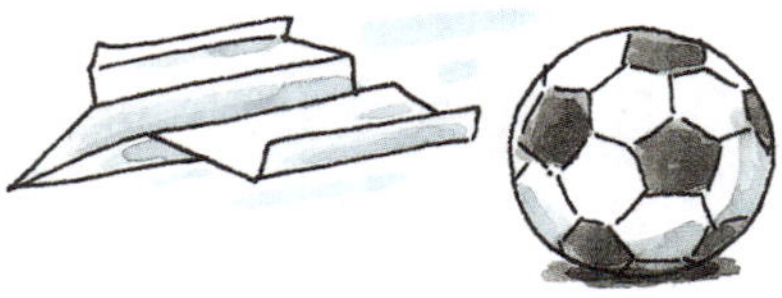

2. Wähle passende Adjektive aus und setze sie ein.

3. Schreibe den Text auf.

4. Schreibe die Endungen der Adjektive farbig nach.

5. Finde zu zwei Adjektiven in Aufgabe 1 den Gegensatz.

Zusammengesetzte Nomen

Das Spiel, das du auf dem Computer spielst, ist

das Computerspiel.

Das Spiel, bei dem du etwas suchst, ist

______.

Das Haus, das die Schnecken auf dem Rücken tragen, ist

______.

Das Haus, das besonders hoch ist, ist

______.

Das Zeichen, das du nach einer Frage schreibst, ist

______.

Das Zeichen, das du mit der Hand gibst, ist

______.

Die Landung, die auf dem Mond erfolgte, ist

______.

Die Landung, bei der man auf den Bauch fällt, ist

______.

Die Kirsche, die ziemlich sauer schmeckt, ist

______.

Die Kirsche, die süß schmeckt, ist

______.

Der Platz, auf dem man parkt, ist

______.

Der Platz, auf dem man zeltet, ist

______.

1 Bilde zusammengesetzte Nomen.

2 Unterstreiche immer das Wort, das den Artikel festlegt.

3 Wie nennt man dieses Wort? ______

Satzanfänge

Gestern war ich in Tante Trudes Laden.
Dann kam ein Junge ins Geschäft und ging zu den kleinen Autos.
Dann hat er ein Auto in seine Tasche gesteckt.
Dann ist er schnell aus dem Geschäft gerannt.
Dann bin ich hinter dem Jungen hergerannt.
Dann habe ich ihn an der Jacke erwischt und ihn zurück zu Tante Trude gebracht. Schließlich musste er das Auto noch bezahlen!

1 Lies dir die Geschichte durch. Fällt dir etwas auf?

Auf einmal … | Da … | Danach … | Anschließend …

Endlich … | Plötzlich … | Sofort … | Zum Glück …

2 Versuche, die Geschichte zu verbessern. Die Satzanfänge auf den Kärtchen können dir helfen.

3 Eine Karte ist leer. Finde verschiedene Möglichkeiten, sie zu benutzen.

Merkwörter

Garage · Shampoo · Jeans · Couch · Zucchini · Skateboard · Pommes frites · Clown

1 Löse das Kreuzworträtsel. Lösungswort:

Wörter üben

verraten · Pflaster · verstehen · Quelle · verdächtig · Quadrat

abschreiben	überprüfen, verbessern, ordnen nach dem Abc	Partnerdiktat ☐ Schleichdiktat ☐

2 Bearbeite die Spalten der Tabelle.

3 Wähle von den Übungswörtern drei Wörter aus und trage sie in deiner Wörterliste ab Seite 62 an dieser Stelle ein: .

Großschreibung

Mein ______ bruder ist ein ______ detektiv. In unserer ______ straße kennen ihn alle. Oft beobachte ich ihn beim ______ telefonieren. Dann bespricht er seine ______ fälle mit seinen ______ helfern. Mein ______ kichern verrät mich aber immer. Dann schickt er mich zurück in mein ______ zimmer.

1 Finde passende Adjektive und schreibe sie in die Lücken.

2 Welche Wörter musst du großschreiben?
Verbessere sie im Text.

Gg

Als detektiv musst du beobachten. 

____

Beim schleichen darfst du kein geräusch machen. 

____

____

Du brauchst eine lupe. 

____

Das bellen der hunde sollte dir keine angst machen. 

____

____

3 Detektiv aufgepasst! Unterstreiche die Wörter, die du großschreiben musst.
Die Lupe verrät dir, wie viele es sind.

Gg

4 Schreibe die Sätze richtig auf. Setze dabei Adjektive vor die Wörter, die du großschreibst.

Lexis Leseseite

Rätselkrimi

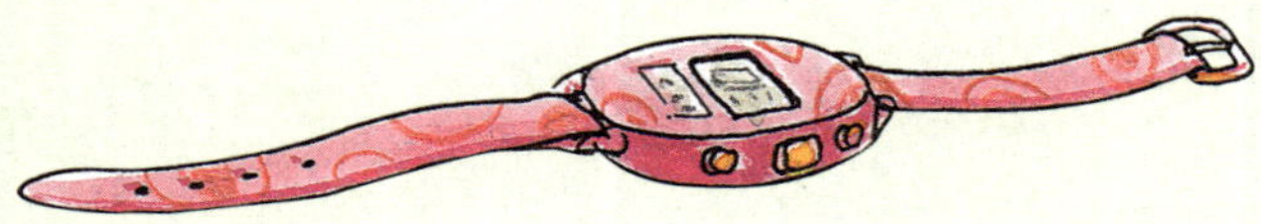

Text 1

Nach dem Schwimmunterricht herrscht Aufregung in der Klasse. Wieder ist eine Uhr verschwunden.
Als Henriette nach Hause kommt, erzählt sie ihrem Bruder Andreas davon. Sie schauen auf Henriettes Geburtstagstisch. Da liegt eine Armbanduhr. Sie zeigt nicht nur die Zeit, sondern auch das Datum an und hat einen Wecker. Der kann mit einer Melodie an wichtige Zeiten erinnern.
Andreas hat eine Idee: „Du kannst mit deinem Geburtstagsgeschenk den Täter überführen, wenn er sich an deiner Uhr vergreift."
Er bespricht mit Henriette seinen Plan.
In der folgenden Woche ist nach dem Schwimmen Henriettes Uhr verschwunden. Als sich die Kinder am Ausgang treffen, können alle hören, wer die Uhr gestohlen hat.

1 Welchen Plan hat sich Andreas ausgedacht?
Unterstreiche die beiden Sätze, die dir Hinweise auf den Plan geben.

2 Vergleiche nun Text 1 und 2 und markiere im Text 2 die Veränderungen.

Text 2

Nach dem Schwimmunterricht herrscht große Aufregung in der Klasse 3. Wieder ist eine Armbanduhr verschwunden.
Als Henriette mittags nach Hause kommt, erzählt sie ihrem großen Bruder Andreas davon. Sie schauen gemeinsam auf Henriettes geschmückten Geburtstagstisch. Da liegt eine moderne Armbanduhr. Sie zeigt nicht nur die genaue Zeit, sondern auch das Datum an und hat einen musikalischen Wecker.
Der kann mit einer lustigen Melodie an wichtige Zeiten erinnern.
Andreas hat eine kluge Idee: „Du kannst mit deinem tollen Geburtstagsgeschenk den Täter überführen, wenn er sich an deiner neuen Uhr vergreift."
Er bespricht leise mit Henriette seinen Plan.
In der folgenden Woche ist tatsächlich nach dem Schwimmen Henriettes Uhr verschwunden. Als sich die Kinder aufgeregt am Ausgang treffen, können alle deutlich hören, wer die Uhr gestohlen hat.

3 Du hast genau gelesen, wenn du 18 Stellen markiert hast.
Vergleiche beide Texte noch einmal, wenn du nicht alle Veränderungen gefunden hast.

Erfinden, planen, bauen

Wortbausteine

versprechen

ankommen

entführen

1 Baue aus den Wortbausteinen Wörter zusammen. Schreibe Wörter mit gleichem Wortstamm geordnet auf.

Abmachung Bärchen entkommen Ansager
vorsagen abschreiben erfahren

2 Kreise zuerst den Wortstamm ein. Rahme dann die anderen Wortbausteine ein.

3 Schreibe mit einigen Wörtern einen Satz.

4 Schreibe möglichst viele Wörter mit dem Wortbaustein *ver-* auf. Die Wörterliste oder ein Wörterbuch können dir helfen.

Präpositionen

~~in~~	an	über	auf	neben	hinter	vor

Wo?

Der Kranführer sitzt [in] [dem] Führerhaus.

Die schweren Balken hängen [ ] [ ] Haken.

Die Schwalben fliegen [ ] [ ] Kran.

Der Laster steht [ ] [ ] Kran.

Der Bauarbeiter steht [ ] [ ] Leiter.

Die Steine liegen [ ] [ ] Kran.

Der Sandhaufen liegt [ ] [ ] Kran.

1 Setze die passenden Wörter ein. Denke auch an den Artikel.

Wohin?

Lexi geht [in] [das] Haus.

Lexi hängt den Mantel [ ] [ ] Haken.

Lexi läuft [ ] [ ] Brücke.

Lexi läuft [ ] [ ] Haus.

Lexi stellt den Eimer [ ] [ ] Besen.

2 Setze die passenden Wörter ein. Denke auch an den Artikel.

[ ] der Mauer liegt ein Hammer.

[ ] dem Laster sitzt eine Frau.

Der Hund pinkelt [ ] den Baum.

3 Vervollständige die Sätze mit passenden Präpositionen.

Einen Pustesegler bauen

Du brauchst:

Material:	Werkzeug:
1 Töpfchen vom Teelicht ohne die Kerze	Kleber, Schere
1 Stück Strohhalm (7 cm)	
etwas Knetgummi	

kleine Kugel Knete in das Töpfchen vom Teelicht drücken

Stück Papier in der Mitte falten, Dreieck ausschneiden

Strohhalm in die Mitte des Dreiecks kleben und Segel zusammenkleben

Strohhalm mit Segel auf die Knete stecken

Schiffchen ins Wasser setzen, wegpusten

1 Stelle den Pustesegler her.

Zuerst drücke ich ...

2 Schreibe die Bauanleitung in vollständigen Sätzen auf. Diese Wörter können dir helfen: anschließend | danach | jetzt.

Großschreibung

Mit dem bagger wird die grube für den neubau ausgeschachtet. Nach dem gießen des fundaments werden die wände gemauert. Zum schluss wird der dachstuhl gebaut. Jetzt ist zeit für das richtfest.

Gg

1 Unterstreiche Wörter, die du großschreiben musst. Prüfe mit einem Adjektiv.

2 Schreibe den Text richtig ab.

Wörter üben

verlaufen | entlaufen | vorsagen | entschuldigen | vergessen | vorstellen

abschreiben und Vorsilben unterstreichen	überprüfen, verbessern oder Geheimschrift	nach dem Abc ordnen

3 Bearbeite die Spalten der Tabelle. Wähle drei Wörter aus und trage sie hinten in deiner Wörterliste an dieser Stelle ein: .

Steigerung von Adjektiven

Grundstufe	1. Vergleichsstufe	2. Vergleichsstufe
klein	kleiner	am kleinsten
breit		
	größer	
		am teuersten
billig		
	schneller	
schön		
		am schwersten
dick		

1 Setze die Adjektive in der richtigen Form ein.

billiger als

am teuersten

genauso teuer wie

2 Vergleiche die Waren im Schaufenster und bilde Sätze.

Wörter üben

Klee · Boot · Schnee · Haar · Zoo · Waage

abschreiben	überprüfen, verbessern oder Geheimschrift	zusammengesetzte Nomen bilden

1 Bearbeite die Spalten der Tabelle. Wähle drei Wörter aus und trage sie in deiner Wörterliste an dieser Stelle ein: .

Der Trennstrich

Auf dem Bergsee treiben zwei kleine Segelboote.
Am Waldrand finden wir viele Erdbeeren.
Auf dem Schulhof haben wir beim Paarlauf gewonnen. Einen Schneemann bauen wir gerne.

2 Schreibe den Text ab. Setze Silbenbögen unter die Wörter.

Personalformen

du gehst | ihr fragt | ihr geht | ihr lauft | du fragst

du läufst | sie geht | ~~ich gehe~~

sie fragt | ich laufe | ich frage | sie läuft

gehen		
ich gehe		

1 Male die Personalformen eines Verbs in der gleichen Farbe an.

2 Schreibe die Grundform der Verben auf und die Personalformen geordnet darunter.

3 Bilde noch mehr Personalformen zu den Verben.

nehmen	lesen	essen
ich	ich	
du		
er		

4 Schreibe die Personalformen zu den Verben auf.

5 Schlage die Verben im Wörterbuch oder der Wörterliste nach. Was verändert sich?

Wörter üben

schwitzen | Platz | kleckern | flitzen | packen | Fleck

abschreiben	überprüfen, verbessern oder Reimwörter finden	Geheimschrift

1 Bearbeite die Spalten der Tabelle. Wähle je drei Wörter mit *tz* und *ck* aus und trage sie in deiner Wörterliste an dieser Stelle ein: .

Seine Meinung äußern und begründen

Handy in der Schule – ja oder nein?

das spricht dafür	das spricht dagegen

2 Schreibe die mögliche Meinung in die Tabelle.

Einen Brief schreiben

Die Klasse 3 will auch Pauls Opa, Herrn Schuster, einladen. Er soll etwas erzählen zum Thema „Reisen und Verkehr früher“.

Sehr geehrter | Mit freundlichen Grüßen | Wir möchten Sie bitten | Wir laden Sie ein | Ihre | Bitte bringen Sie | zu uns in die Klasse

____

Ort, Datum

______________ Herr Schuster,

Wir reden gerade über das Thema „Reisen und Verkehr früher“.

______________________, uns etwas zu diesem Thema zu erzählen. ______________________, am Freitag in der 2. Stunde ______________________ zu kommen.

______________________ Fotos mit.

______________________,

______________ Klasse 3.

1 Schreibe den Brief an Pauls Opa vollständig auf.

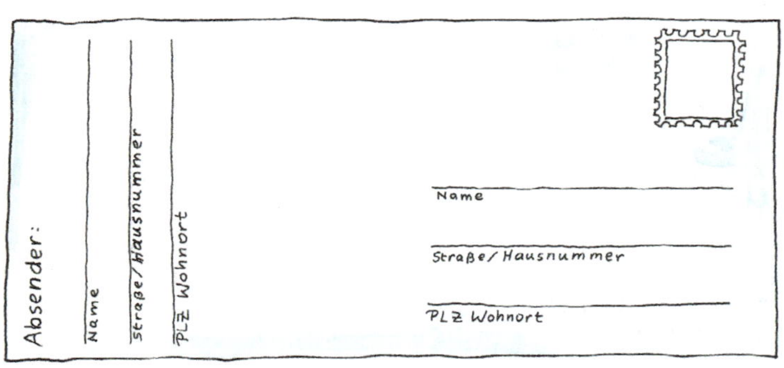

2 Schreibe auf den Umschlag deine eigene Adresse als Absender und die Adresse deiner Freundin oder deines Freundes als Anschrift.

3 Male eine Briefmarke mit dem richtigen Wert auf.

Verschiedene Vergangenheitsformen

Das erzählt Herr Schuster der Klasse.

Als Kind habe ich mit meinen Eltern nur selten eine Reise gemacht. Wir haben kein Auto gehabt. Ein Flugzeug haben wir nie benutzt. Wir haben die Eisenbahn genommen. Schon von weitem habe ich das Pfeifen der Lokomotive gehört und die Dampfwolke gesehen.

Das schreibt Herr Schuster für die Klasse auf:

Früher machten die Menschen nur selten eine Reise. Nur wenige Leute hatten ein Auto. Ein Flugzeug benutzten nur wenige Leute. Wir nahmen die Eisenbahn. Schon von weitem hörte man das Pfeifen der Dampflok und sah die Dampfwolke.

1 Lies beide Texte durch. Unterstreiche die Verben.

Perfekt	Präteritum
ich habe gemacht	sie machten
wir haben gehabt	

2 Trage die Verben in die passende Spalte der Tabelle ein.

gehen	erzählen	sagen

3 Schreibe zu den Grundformen der Verben die Vergangenheitsformen in der *ich*-Form in der Tabelle auf.

Lange Selbstlaute

Silbenrätsel

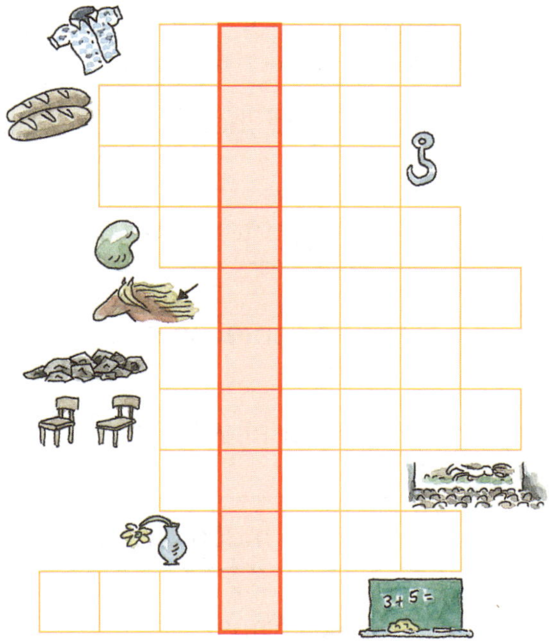

Lösungswort:

1 Löse das Rätsel.

Wörter üben

Bohne Bruder Vase Kohle Fehler Schule Lehrer

abschreiben und Silbenbögen setzen	überprüfen, verbessern oder Mehrzahl bilden	nach dem Abc ordnen

2 Bearbeite die Spalten der Tabelle. Wähle drei Wörter mit *h* aus und trage sie in deiner Wörterliste an dieser Stelle ein: .

Wörter mit *ie*

Rätsel

flie lie schie ben viel der ßen ßen
gie Lie sprie sie ßen nie ben vier ben

Sand kann man ______.	Freunde will man ______.
Das Gegenteil von wenig: ______	Du singst sie: ______.
Das Gegenteil von immer: ______.	Knospen wollen ______.
Das Wasser will ______.	Blumen muss man ______.
Die Karre muss man ______.	Drei plus eins: ______

1 Löse die Rätsel.

Wörter üben

Spiegel | tief | viel | wieder | ziemlich | schließen | schief

abschreiben und *ie* einkreisen	überprüfen, verbessern oder Geheimschrift	nach dem Abc ordnen

2 Bearbeite die Spalten der Tabelle. Wähle drei Wörter aus und trage sie in deiner Wörterliste an dieser Stelle ein: .

Wörtliche Rede

Rumpelstilzchen

Die Königin hat einen Boten losgeschickt, der Rumpelstilzchens Namen herausfinden soll.

1. Schreibe das, was die Personen sagen, als wörtliche Rede auf.
2. Unterstreiche die wörtliche Rede farbig.

Wörtliche Rede

Rumpelstilzchen kam ins Zimmer und sagte ☐ Frau Königin, nennt mir meinen Namen. ☐ Die Königin überlegte und fragte dann ☐ Heißt du Rippenbiest? ☐ Rumpelstilzchen lachte und antwortete ☐ Nein, so heiße ich nicht. ☐ ☐ Heißt du vielleicht Hammelwade? ☐ Rumpelstilzchen schüttelte den Kopf. Schließlich fragte die Königin ☐ Heißt du etwa Rumpelstilzchen? ☐ Da schrie Rumpelstilzchen ☐ Das hat dir der Teufel verraten! ☐

1. Unterstreiche mit unterschiedlichen Farben, was die Königin sagt und was Rumpelstilzchen sagt.

2. Setze die fehlenden Doppelpunkte und die Redezeichen ein.

Wortfeld *sagen*

Dornröschen

Der König ________ laut vor Freude: „Unsere Tochter ist geboren." Die 13. Fee stört das Fest für die neugeborene Königstochter und ________ über der Wiege: „Die Prinzessin soll sich an einer Spindel stechen und sterben." Der König ________: „Alle Spindeln werden sofort aus meinem Königreich entfernt!" An ihrem 16. Geburtstag entdeckt die Königstochter einen alten Turm. Im Turm hockt eine Frau vor einem Spinnrad. Die Prinzessin ________: „Was tust du da?" Die alte Frau ________: „Ich spinne. Komm her und versuche es selbst." Die Prinzessin sticht sich in den Finger. Sie gähnt und ________: „Ich bin so müde."

3. Setze passende Wörter aus dem Wortfeld *sagen* in die Lücken ein.
Diese Wörter können dir helfen: murmeln | rufen | befehlen | flüstern | fragen | antworten.

Hallo!
Komm mit mir ....
... in die neue Duden Lernsoftware für Mathematik und Deutsch.

Wir lösen zusammen viele Übungen und ich zeige Dir, was
Du schon alles gelernt hast.
Schau einfach mal vorbei!

Viele Grüße
Dein Lexi

Die Duden Lernsoftware für Deutsch und Mathematik

Die Duden Lernsoftware strukturiert sich nach wichtigen sprachlichen Phänomenen bzw. nach mathematischen Bereichen und Zahlenräumen.
Die übersichtliche Navigation mit Symbolen erlaubt allen Kindern die selbstständige Bedienung der Software.

Differenzierung
Aufgaben unterschiedlicher Schwierigkeitsgrade erlauben ein Üben gemäß dem individuellen Lernstand.

Diagnose
Integrierte Lernstandserhebungen in drei Schwierigkeitsgraden testen regelmäßig den Lernerfolg.

Fördern
Die Lernstandserhebungen werden ausgewertet und jedes Kind erhält konkrete Empfehlungen zum Weiterüben.

Lernmotivation
Und damit der Spaß nicht zu kurz kommt, können die Kinder für richtig gelöste Übungen Punkte im Sparschwein sammeln und diese für ein Geschicklichkeitsspiel einlösen.

Systemvoraussetzungen: Pentium-PC 300 MHz, 64 MB RAM, 8-fach CD-ROM-Laufwerk, Direct-X kompatible Grafik- und Soundkarte, Windows 98/Me/2000/XP, ca. 150 MB freier Festplattenspeicher

Ich bestelle:

Anzahl	Bestell-Nr.	Titel		Preis
______	8-872	**Duden Deutsch Lernsoftware 1**	(erscheint 10/06)	9,95 €
______	8-869	**Duden Deutsch Lernsoftware 2**	(erscheint 2/06)	9,95 €
______	8-870	**Duden Deutsch Lernsoftware 3**	(erscheint 2/07)	9,95 €
______	8-871	**Duden Deutsch Lernsoftware 4**	(erscheint 2/08)	in Vorb.
______	8-951	**Duden Mathematik Lernsoftware 1**	(erscheint 2/06)	9,95 €
______	8-952	**Duden Mathematik Lernsoftware 2**	(erscheint 4/06)	9,95 €
______	8-953	**Duden Mathematik Lernsoftware 3**	(erscheint 2/07)	9,95 €
______	8-954	**Duden Mathematik Lernsoftware 4**	(erscheint 2/08)	in Vorb.

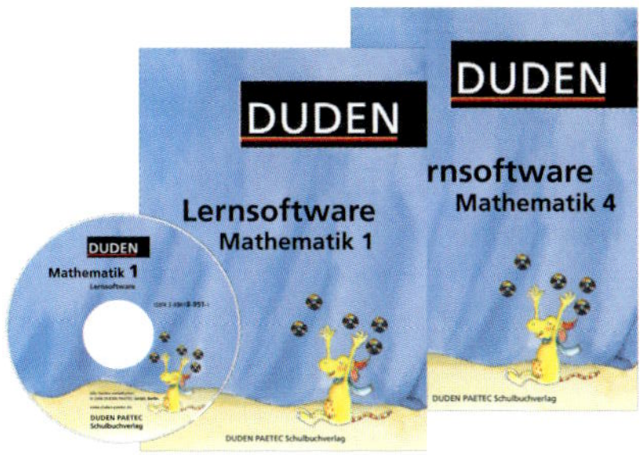

Die angegebenen Preise haben Gültigkeit bis 31.12.2007. Es gelten unsere Liefer- und Zahlungsbedingungen. Zzgl. Versandkosten.
Kundeninformation: 0 30 / 53 21 87 73 oder www.neue-bildungsmedien.de

Vorname: ______________________

Nachname: ______________________

Straße, Nr.: ______________________

PLZ, Ort: ______________________

____

Unterschrift

Als
Postkarte
frankieren

Neue Bildungsmedien
Versandbuchhandlung GmbH
Storkower Str. 125

10407 Berlin

Silbentrennendes *h*

gehen	nähen	ruhen
du gehst	du	du
er	er	er

		drehen
du leihst	du	du
er	er zieht	er

1 Fülle die Wörtertürme aus.

Wörter üben

der Floh | die Mühe | das Reh | die Ruhe | der Schuh | der Zeh

abschreiben	überprüfen, verbessern oder Geheimschrift	in die Mehrzahl setzen und trennen
		die Flö-he

2 Bearbeite die Spalten der Tabelle. Wähle drei Wörter aus und trage sie in deiner Wörterliste an dieser Stelle ein: .

Lexis Leseseite

Tschanga, Tschunga

Es waren einmal zwei Brüder. Der Ältere lebte für sich allein und war reich. Er hatte ein hartes Herz und kein Mitleid mit den Armen. Der Jüngere lebte mit seinen vielen Kindern in Armut. Der Reiche half dem armen Bruder nicht. Traurig zog der Jüngere fort, um sein Glück zu suchen.

Als er sich in einer Baumhöhle ausruhte, kamen vierzig Räuber angeritten. Vor der nahen Felswand rief ihr Anführer: „Tschanga!" Da tat sich der Felsen so weit auf, dass die Raubgesellen darin verschwinden konnten. Von drinnen rief er: „Tschunga!", und der Felsen schloss sich. Als die Räuber am nächsten Tag wieder ausgeritten waren, kam der Mann aus seiner Baumhöhle und rief: „Tschanga!" Sogleich sprang der Felsen auf. Von drinnen rief er: „Tschunga!", und der Felsen schloss sich.

In 40 Verstecken fand er Gold- und Silberstücke, Edelsteine und Diamanten. Nun hatte seine Not ein Ende. Als er nach Hause kam, erzählte er dem reichen Bruder davon. Der Reiche nahm seine größten Säcke und gelangte auch in die Höhle. Als er sich mit vielen Schätzen davonmachen wollte, hatte er das Zauberwort vergessen. Er kam jämmerlich in der Höhle um. (Türkisches Volksmärchen)

1 Welches Zauberwort hatte der Reiche vergessen? Umkreise es im Text.

2 Unterstreiche im ersten Abschnitt Schlüsselwörter zum jüngeren Bruder blau und zum älteren Bruder grün.

jüngerer Bruder: ______________________

____

älterer Bruder: allein, reich

____

3 Schreibe die Schlüsselwörter zu den Brüdern in die Tabelle.

jüngerer Bruder: entdeckt Räuberhöhle

____

älterer Bruder: ______________________

____

4 Schreibe in jeweils drei Stichpunkten auf, was die Brüder erleben.

Perfekt und Präteritum

1 Lies das Gespräch und unterstreiche die Verben rot.

2 Was berichten die Kinder? Schreibe deinen Text im Präteritum auf.

Das Präteritum

Tom schreibt für die Wandzeitung einen Text über die Götter der Wikinger.

Die Wikinger

Die Wikinger kannten viele Götter. Die Götter hatten für die Wikinger wichtige Eigenschaften. Sie kämpften ohne Furcht, vollbrachten mutige Heldentaten und beschützten die Menschen. Jeder Wikinger wünschte sich für die Zeit nach seinem Tod einen Platz im Walhalla. In dieser riesigen Halle saßen nur die tapfersten Helden. Das Dach der Halle bestand aus Schilden. Die Helden tranken süßen Honigwein und beobachteten die täglichen Kampfspiele.

1. Lies den Text.

2. Unterstreiche die Endungen der Adjektive im Text grün.

3. Suche im Text die Verben und unterstreiche sie rot.

Präteritum	Präsens
sie kannten	sie kennen

4. Schreibe acht Verben im Präteritum auf. Schreibe daneben das Verb im Präsens.

Unregelmäßige Steigerung

Die Wikinger kannten viele Götter. Odin war der oberste Gott. Er stand

bei den Göttern sehr [hoch].

am höchsten

Odin stand [____] als andere Götter.

~~hoch~~

Odin stand [____] [____].

höher

Frigg war Odins Frau. Sie war [schön].

Frigg war [____] als andere Göttinnen.

Frigg war [____] [____].

Thor war der Gott des Donners und der Stürme. Er war sehr [stark].

Thor war [____] als andere Götter.

Thor war [____] [____].

Eir war die Göttin der Heilkunst. Sie war eine [gute] Ärztin.

Eir heilte [____] als andere Göttinnen.

Sie heilte [____] [____].

Saga war die Göttin der Dichtkunst. Sie war sehr [klug].

Saga war [____] als andere Göttinnen.

Saga war [____] [____].

1 Steigere Adjektive und setze sie in die Lücken.

Paul sammelte viele Steine.

Tom sammelte [____] als Paul.

Lexi sammelte die [____] Steine.

2 Vergleiche die Steinhaufen und schreibe die richtige Form in die Lücken.

Das Präteritum

Kräuterfrauen ________ (backen) Lebkuchen.

In den Teig ________ (rühren) sie gesunde Kräuter.

Der Lebkuchen ________ (ist) wohl eine Art Medizin.

Die Wikinger ________ (nehmen) den Lebkuchen mit auf die Reise.

So ________ (leben) die Seefahrer gesund.

1 Setze die Verben im Präteritum ein.

Wörter üben

nehmen | zahlen | wählen | strahlen | zählen | rühren | führen

abschreiben	überprüfen, verbessern oder mit *wir* im Präteritum schreiben	verwandtes Wort finden

2 Bearbeite die Spalten der Tabelle. Wähle drei Wörter aus und trage sie in deiner Wörterliste an dieser Stelle ein: .

Bücher vorstellen

1 Klara hat sich Notizen zu ihrem Buch gemacht. Kreuze die Notizen an, die für ihre Buchvorstellung wichtig sind.

Klaras Buchvorstellung

Titel: __________

Autor: __________

Inhalt: __________

____

____

____

Meine Meinung: __________

____

____

2 Schreibe Klaras Notizen geordnet auf.

Texte überprüfen und verbessern

1. Lies den Text Wort für Wort, vorwärts und rückwärts oder in Silben.
2. Unterstreiche Wörter, bei denen du dir unsicher bist.
3. Kannst du dir die Schreibung erklären? → Gg
4. Wenn du nicht weiter weißt, schlage das Wort in der Wörterliste oder im Wörterbuch nach.
5. Prüfe außerdem: .,!? :„“
   - Hast du Satzzeichen gesetzt?
   - Sind die Satzanfänge großgeschrieben?
   - Hast du die Punkte der Umlaute nicht vergessen? ä ö ü

Libe Frau Müller,
meine Klase möchte gerne Ihre bücherei besuchen. Wir sind ein drittes Schuljar und fersuchen, viel über Bücher herauszufinden. dürfen wir uns ihre Bucherei genauer ansehen? Wann könen wir komen?

Fiele Grüße
Paul

1 Versuche, Pauls Brief zu verbessern. Die Tipps im Kasten helfen dir.

Ich krähe morgens auf dem Mist.

Ohne mich kannst du nichts hören.

Wenn du zu viel Süßes isst, kriege ich ein Loch.

Viele Väter haben eine Tochter und einen … .

1 Kannst du die Rätsel lösen?

Rätsel:

Lösung:

2 Erfinde ein eigenes Rätsel zu einem Wort, in dem ein *h* vorkommt.

Wörter üben

Hahn Ohr Zahn Sohn Höhle Zahl

abschreiben	überprüfen, verbessern oder nach dem Abc sortieren	zusammengesetztes Nomen suchen

3 Bearbeite die Spalten der Tabelle. Wähle drei Wörter aus und trage sie in deiner Wörterliste an dieser Stelle ein.

Wetterbeobachtung

stark bewölkt | sonnig | kühl | wolkenlos | warm | anhaltender Regen | Schnee | wenige Wolken | leichter Wind | gewittrig | Nebel | stürmisch

1 Wie ist das Wetter? Unterstreiche die passenden Stichwörter.

2 Du bist für den Wetterbericht von Radio DSR 3 zuständig. Schreibe mithilfe der Stichwörter den Wetterbericht.

Zusammengesetzte Nomen

Geburtstag

die Geburtstagsfeier

Feier

Kuchen

Kerze

Lied

Liebling

Glück

1 Bilde mit den Wörtern zusammengesetzte Nomen. Denke an das Binde-*s*.

2 Male das Binde-*s* farbig nach.

3 Unterstreiche in den Nomen das Wort, das den Artikel angibt.

Silbentrennung

Detektiv Jonas sendet seinem Freund eine Nachricht mit einer Brieftaube.

Wichtig!
Der Fahrraddieb hat von meinen Ermittlungen erfahren. Wir müssen einen neuen Treffpunkt vereinbaren. Komme morgen Nachmittag bei schönem Wetter ins Freibad.

1. Lies die Nachricht von Detektiv Jonas.
2. Schreibe den Text mit Silbentrennung, damit er auf den schmalen Zettel passt.

De	tek	Du	
hast	nas	hol	fen
sehr	Jo	ge	tiv

3. Bei dieser Nachricht sind Silben durcheinandergepurzelt. Unterstreiche die Silben, die zu einem Wort gehören, mit derselben Farbe.
4. Schreibe die Nachricht auf.

s oder *ß* ?

Ho___en	Rei___e	bei___en	bö___e
Do___en	Mei___e	hei___en	Getö___e
lo___en	lei___e	schwei___en	
Ro___en	Wei___e	zerrei___en	

1. Lies die Reimwörter. Betone dabei den langen Vokal.
2. Ergänze *s* bei summendem *s*-Laut, bei zischendem *s*-Laut *ß*.

Wörter üben

fleißig | draußen | Musik | außer | Käse | tausend | Straße

abschreiben und Silbenbögen setzen	überprüfen, verbessern oder Geheimschrift	ordnen nach dem Abc

3. Bearbeite die Spalten der Tabelle.

Texte planen, schreiben und überarbeiten

Wer erlebt etwas?	Was tut er?	Wo ist er?	Womit beschäftigt er sich?
Kinder	hören	Höhle	Stimmen
Zwerg	entdecken	Wald	Landkarte
Gumpferich	fühlen	Garage	Brief
Kamel	beobachten	Berg	Zeichen
Figuren	Handlungen	Orte	Sonstiges

1 Lies die Fragen. Beantworte sie mithilfe der Wörter in den Sternen.

2 Suche dir aus den Sternen eine Idee für eine Geschichte aus und schreibe sie auf. Denke dir auch eigene Wörter aus.

3 Schreibe die Geschichte auf. Denke an eine passende Überschrift.

4 Lies dir deine Geschichte noch einmal durch. Überarbeite Stellen, die dir noch nicht gefallen, mit Bleistift.

Satzteile umstellen

Die Sonne | bescheint | in der Nacht | den Mond.

5 Stelle die Satzteile um und schreibe die neuen Sätze auf.

Lexis Leseseite

MünchhausenerTageszeitung

Frei und unabhängig — M.T. — 1. April

Neues von der Sonne

Die Wissenschaftler haben festgestellt, dass im Zentrum der Sonne eine Temperatur von mehreren Millionen Grad herrscht. An ihrer Oberfläche sind nur 49 Grad. So kann man dort gut in Gummistiefeln spazieren gehen. Auf der Sonne blühen unzählige Sonnenblumen. Eine weitere Neuigkeit ist, dass auf der Sonne ab und zu das Licht abgedreht wird.
Das nennt man eine Sonnenfinsternis.
Die Sonne ist viele Millionen Kilometer von uns entfernt. Nur mit einem sehr schnellen Auto ist man in zwei Tagen dort. Die wichtigste neue Erkenntnis aber lautet: Die Sonne ist bewohnt.

1 Unterstreiche die Falschmeldungen im Text.

Es ist viel zu heiß auf der Sonne,

2 Begründe, warum die Meldungen falsch sind.

Meinungen sammeln

Können Blumen träumen?

Manche Blumen schlafen im Winter und erwachen im Frühling. Sie träumen im Winter.

Blumen träumen von Sonne und Regen.

Ich glaube: Träumen können nur Menschen.

Das weiß ich nicht. Sie wünschen sich aber bestimmt, nicht zertrampelt zu werden.

Blumen riechen und atmen. Also können sie auch träumen.

Ich kann es nicht sagen. Ich habe noch nie geträumt.

Blumen leben in irgendeiner Form. Daher können sie auch träumen.

1 Lies die Meinungen der Kinder.

2 Ordne die Meinungen, indem du sie mit drei unterschiedlichen Farben anmalst:

Ja, Blumen können träumen.

Nein, Blumen können nicht träumen.

Ich weiß nicht, ob Blumen träumen können.

3 Können Blumen träumen? Schreibe deine Meinung auf.

Wortbausteine für Nomen

traurig | tapfer | schwierig | faul | schön | klug | dumm | höflich

-heit | -keit

1 Verbinde die Adjektive mit dem passenden Wortbaustein für Nomen.

2 Schreibe die Nomen geordnet auf und rahme die Wortbausteine gelb ein.

Wörter üben

Rechnung | Krankheit | Lösung | Schwierigkeit | Wohnung | Gesundheit

abschreiben und Wortbaustein einkreisen	überprüfen und verbessern	Verb oder Adjektiv aufschreiben

3 Bearbeite die Spalten der Tabelle. Wähle drei Wörter aus und trage sie in deiner Wörterliste an dieser Stelle ein: .

Der doppelte Mitlaut

Der Ba___ ro___t auf die Straße.

Das Bre___ kna___t auf den Boden.

Der Hund knu___t und be___t.

1 Verlängere die Wörter und schreibe die Sätze richtig auf.

er ko___t – wir ___ er ka___ – wir ___

2 *m* oder *mm*? Bilde zuerst die wir-Form. Fülle dann die Lücken aus.

Wörter üben

Schmerz | Filz | Holz | Herz | Tanz | Pilz

abschreiben	überprüfen, verbessern oder Mehrzahl bilden	Reimwort finden

3 Bearbeite die Spalten der Tabelle.

Stichpunkte machen

Der arktische Wolf

Das Fell des arktischen Wolfes ist weiß. Er ist damit gut an die meist mit Schnee und Eis bedeckte Umgebung angepasst. Mit einem Gewicht von bis zu 80 kg zählt der arktische Wolf zu den schwersten Unterarten des Wolfes. Seine Ohren sind nicht so spitz und die Schnauze ist nicht so lang wie beim europäischen Wolf.
Der arktische Wolf lebt im Nordwesten Amerikas, in Kanada, an der Küste Grönlands und der Arktis. Seine Hauptnahrung sind Rentiere. Er frisst aber auch Schneehasen, Moschusochsen und Vögel.
Auch der arktische Wolf lebt in einem Rudel zusammen. Es wird vom ranghöchsten Wolf der Gruppe angeführt.

1 Unterstreiche wichtige Wörter für die Stichpunkte mit unterschiedlichen Farben.

Name: ______________________________

Aussehen: ______________________________

____

____

____

Lebensraum: ______________________________

____

Nahrung: ______________________________

____

Besonderheit: ______________________________

____

2 Schreibe die Stichpunkte zum arktischen Wolf geordnet auf.

Satzteile ersetzen

[Er] führt das Rudel an.
[Das] ist ein anderes Wort für Wolfsfamilie.
[Sie] sind die größten Feinde des Wolfes.
[Darin] erfährt man viel über [ihn].

In Sachbüchern
Der Leitwolf
Die Menschen
Rudel
den Wolf

1 Ersetze die eingerahmten Wörter durch passende Wörter aus dem Kasten und schreibe die veränderten Sätze auf.

Wörter üben

Dachs | Wachs | Fuchs | Keks | Lexikon | Hexe

abschreiben	überprüfen, verbessern oder Geheimschrift	zusammengesetzte Nomen bilden

2 Bearbeite die Spalten der Tabelle. Wähle drei Wörter aus und trage sie in deiner Wörterliste an dieser Stelle ein: .

Wortbausteine für Adjektive

gier / nied / ängst / gefräß / fried / mut

-ig: ______________________________

-lich: ______________________________

1 Bilde Adjektive mit *-ig* und *-lich.* Schreibe sie geordnet auf.

Wörter üben

glücklich | hungrig | schmutzig | gefährlich | riesig | freundlich

abschreiben und Wortbausteine einkreisen	überprüfen, verbessern oder Geheimschrift	passendes Nomen aufschreiben

2 Bearbeite die Spalten der Tabelle. Wähle drei Wörter aus und trage sie in deiner Wörterliste an dieser Stelle ein: .

Ein Rondell schreiben

Himmel

Ich schaue

Berge, Sand und Wasser

viele Bilder

Farben strahlen

1 Lies die Gedichtzeilen und überlege dir damit ein Rondell.

1
2
3
4
5
6
7
8

2 Schreibe dein Rondell in die Zeilen 1 bis 8.

3 Finde eine passende Überschrift und schreibe sie in die oberste Zeile.

Wörter üben

Handy | Clown | Restaurant | Toilette | Team | Service | Puzzle

abschreiben	überprüfen und verbessern	ordnen nach dem Abc

1 Bearbeite die Spalten der Tabelle. Wähle drei Wörter aus und trage sie in deiner Wörterliste an dieser Stelle ein: .

Zusammengesetzte Nomen

Topf | Geld | Haus | Spiel | Ring | Kuchen

Tasche | Blume | Blech | Finger | Tür | Karte

2 Schreibe die zusammengesetzten Nomen auf.

3 Unterstreiche die Grundwörter rot, die Bestimmungswörter gelb.

Schaukelpferd

Regenwurm

Schleiereule

Warzenschwein

Königstiger

Hauskatze

1 Unterstreiche die Grundwörter der zusammengesetzten Nomen rot und die Bestimmungswörter gelb.

2 Vertausche Grundwort und Bestimmungswort. Schreibe die neuen Nomen auf. Male Bilder zu den neuen Wörtern.

Vergangenheit üben

Am besten habe ich das Thema Wikinger gefunden. In der Bücherei

___ ich mir sogar Bücher über Wikinger ___.

Daraus ___ ich mir ein kleines Wikingerboot ___.

Den Besuch von Toms Oma ___ ich leider ___.

Sie ___ sicher spannende Geschichten ___.

1 Betül interviewt Lena für das Jahrbuch. Setze die Verben in der richtigen Zeitform ein: bauen | erzählen | verpassen | ausleihen | ~~finden~~.

Das Sportfest war war wirklich lustig. Zuerst ___ alle springen, laufen und werfen. Dann ___ wir ein Rollbrettrennen fahren. Leider ___ nicht alle Rollbretter mit vier Rollen am Ziel an. In der Pause ___ ein paar Mütter Eis. Am besten ___ ich aber das Ballturnier. Meine Mannschaft ___ alle Spiele. Dafür ___ es von den Lehrern für jeden eine Medaille. Die ___ lecker nach Schokolade.

~~sein~~ | kommen | müssen | dürfen | verteilen | finden | gewinnen | geben | schmecken

2 Paul schreibt über das Sportfest für das Jahrbuch. Setze die Verben in der richtigen Zeitform ein.

Großschreibung üben

Lena und tom wollen den hausmeister für das jahrbuch interviewen. Er ist in seinem werkraum und baut neue rollbretter. Zuerst dürfen lena und tom beim anschrauben der räder helfen.
Dann sausen sie auf den neuen rollbrettern den flur entlang. Sie rufen: „Wir sind die rasenden reporter!" Der hausmeister lacht: „Achtung rasende reporter. Das bremsen nicht vergessen!"

1 Unterstreiche die Wörter im Text, die großgeschrieben werden müssen. Wenn du unsicher bist, prüfe mit einem Adjektiv. Das Adjektiv muss immer eine Endung haben. Gg

2 Schreibe den Text richtig auf. Gg

3 Unterstreiche in den letzten beiden Sätzen Begleitsatz und wörtliche Rede in zwei verschiedenen Farben.

Mit den Duden-Karten üben

Traumferien

Ich kann so lange ausschlafen,

wie ich wi____.

Jeden Mitta____ gibt es Pizza.

Natürlich muss ich mein Zimmer nie aufr____men.

Ich darf den ganzen Tag alleine mit dem Ra____ herumfahren.

Mein Freund f____rt häufig mit. Jeden Nachmittag spiele ich mit

meinen Freunden. Durch ein Loch im Zaun, das nur wir ke____en,

schlüpfen wir immer umsonst in das Freiba____ in unserer

N____e. Abends setze ich mich ganz gemütlich in einen

Se____el und sehe fern. Ich gehe immer spät ins Be____

und lese noch lange mit der Taschenlampe unter der Bettde____e.

Dann tr____me ich von spannenden Abenteuern.

1. Schreibe die fehlenden Wörter auf. Achte darauf, wie sie geschrieben werden. Diese Duden-Karten helfen dir:

2. Wie sehen deine Traumferien aus? Schreibe auf.

Lexis Leseseite

Im Mai kehren die Störche aus Afrika zurück. Sie suchen ihr Nest aus dem vergangenen Sommer. Dort halten sie Storchenhochzeit. Die Störchin legt zwei Eier ins Nest und brütet sie aus.

Die kleinen Störche müssen die harte Eierschale von innen aufbrechen. Die Küken sind sehr klein und haben noch Babydaunen. Sie schlafen viel und wachsen schnell. Der Storchenvater sucht Würmer, Käfer, Schnecken und Mäuse.

Zwei Storchenkinder stehen im Nest. Sie haben beide schon ein richtiges Federkleid. Die Mutter füttert vom Nestrand aus den etwas kleineren Storch mit einem Käfer. Er streckt seinen Hals steil nach oben. Der Storchenvater fängt Frösche.

1 Sieh dir die Bilder genau an. Finde den Text, der jeweils zum Bild passt, und verbinde sie mit einer Linie.

2 Unterstreiche in den Texten die Schlüsselwörter, die dir verraten, welches Bild jeweils zu dem Text gehört.

… wir endlich baden. | … wir Erdbeeren ernten. | … wir im Garten säen.

Wenn im Frühling die Sonne scheint, können

Carolin führt im Sommerurlaub am Strand ein Tagebuch. Sie schreibt:

„Das Schnorcheln gefällt mir am besten."

„Schade, dass ich meine Ski vergessen habe."

„Bei der Bergwanderung gab es steile Wege."

Michael sagt zu seinem Freund: „Wir könnten Drachen steigen lassen, weil

… die Windstärke gerade richtig ist."

… es bald gewittert."

… es fast windstill ist."

3 Ergänze die Satzanfänge mit dem passenden Satzende.

Silben

Verlängern

A B C D E F G H I J K L M N O P Q R S T U V W X Y Z

Verwandte

Großschreibung – Nomen

Wortbausteine

A B C D E F G H I J K L M N O P Q R S T U V W X Y Z

Merkwörter

DUDEN

Spitze in Deutsch 3

DUDEN PAETEC Schulbuchverlag

Liebe Lehrerin, lieber Lehrer,

Kinder bringen unterschiedliche Lernvoraussetzungen mit und verfügen über individuelle Kenntnisse und Fähigkeiten. Um jedes Kind gezielt fördern zu können, bedarf es daher kontinuierlich durchgeführter Lernstandserhebungen.

Mit diesem Heft wollen wir Sie bei der Einschätzung des jeweiligen Lernstands der Kinder unterstützen. Enthalten sind drei Lernstandserhebungen zu den Bereichen *Rechtschreiben, Sprache betrachten, Arbeitstechniken* sowie eine Lernstandserhebung zum *Lesen*.
Die vier Lernstandserhebungen ermöglichen Ihnen, in regelmäßigen Abständen Kenntnisse über die Schülerinnen und Schüler zu gewinnen.
Auf dieser Grundlage können Sie die Kinder gezielt und individuell fördern, aber auch fordern.
Eine ausführliche Auswertung der Lernstandserhebungen, Förderhinweise sowie zusätzliches Förder- und Fordermaterial bieten wir Ihnen im *Duden Lehrermaterial 3* zum Sprachbuch und zum Lesebuch an.

Für die vier Lernstandserhebungen gibt es immer zwei Varianten: A und B. So können zwei Gruppen bei der Bearbeitung gebildet werden. Es besteht außerdem die Möglichkeit, eine Lernstandserhebung bei Bedarf zweimal einzusetzen, um Inhalte zu wiederholen oder Lernfortschritte festzustellen. Einen Hinweis über den Einsatzzeitpunkt der vier Lernstandserhebungen finden Sie im Inhaltsverzeichnis.

Wir wünschen Ihnen und Ihrer Klasse viel Erfolg und viel Spaß beim Lernen!

Ihr Deutschteam

Spitze in Deutsch 3

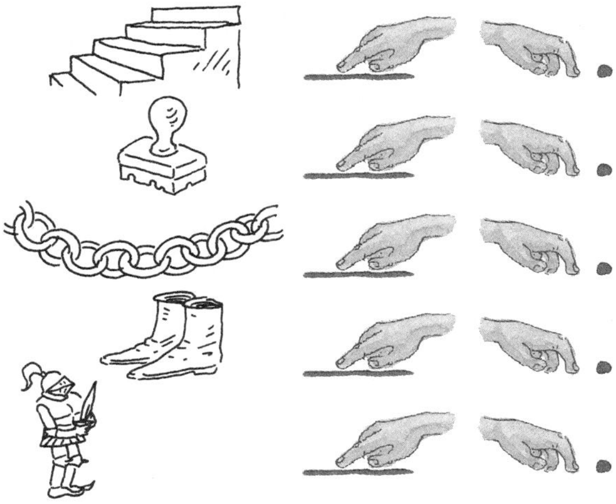

1. Ist der Selbstlaut lang oder kurz? Kreise das passende Bild ein.

2. Schreibe die Wörter richtig auf.

lusti___ kran___ Astronau___ Taschendie___ Er fra___ t.

3. Prüfe mit der Duden-Karte →. Trage die richtigen Buchstaben ein.

1. ______ 2. ______ 3. ______

4. ______ 5. er t ______

4. Wie werden diese Wörter geschrieben? Prüfe mit der Duden-Karte und schreibe die Wörter richtig auf.

Viele ______ regentropfen tropfen auf das ______ dach. Lena liegt in ihrem ______ bett und hört auf das ______ klopfen. Aber Papas ______ schnarchen stört das ______ regentropfenkonzert.

5. Finde passende Adjektive und schreibe sie in die Lücken.

6. Welche Wörter musst du großschreiben? Verbessere im Text.

Auf eine Wunde klebt man ein  .

Wenn eine Tür nicht geölt ist, dann sie  .

Bei uns hängt vor dem Fenster ein  .

7 Finde die passenden Wörter und schreibe sie auf.

8 Schreibe diese Fremdwörter richtig auf.

9 Schlage diese Wörter in der Wörterliste oder im Wörterbuch nach  .
Schreibe sie auf.

turned laufen Sport

Sohle Regal Putzer

10 Bilde zusammengesetzte Nomen und schreibe sie auf.

Nach der schule gehe ich schwimen. Meine Bade Hose und das Hantuch habe ich schon eingepackt. Und weißt du schon, wer mit ins Wassa komt Mein Freunt Luis. Der kann richtik gut kraulen

11 Finde die Fehler und verbessere sie im Text. 

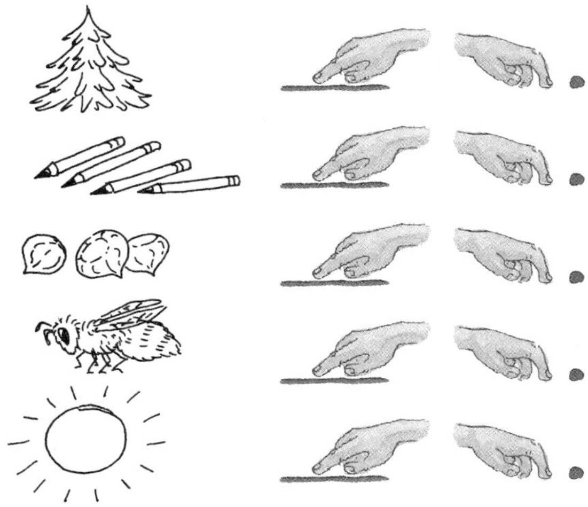

1. Ist der Selbstlaut lang oder kurz? Kreise das passende Bild ein.

2. Schreibe die Wörter richtig auf.

trauri___ Musikan___ Küchensie___ Schran___ Er flie___t.

3. Prüfe mit der Duden-Karte →. Trage die richtigen Buchstaben ein.

1. 2. 3. 4. 5.

1. ______ 2. ______ 3. ______

4. ______ 5. er l______

4. Wie werden diese Wörter geschrieben? Prüfe mit der Duden-Karte und schreibe die Wörter richtig auf.

Auf dem ______ schulhof spielen ______ kinder.

Ihr ______ lachen ist bis in die ______ klasse

zu hören. Da schickt unsere ______ lehrerin uns

zum ______ spielen in die ______ pause.

5. Finde passende Adjektive und schreibe sie in die Lücken.

6. Welche Wörter musst du großschreiben? Verbessere im Text.

Ich kann auf den Fingern [ ] .

Frösche singen nicht, sie [ ] .

Die Kinder spielen [ ] .

7 Finde die passenden Wörter und schreibe sie auf.

[ ]

8 Schreibe diese Fremdwörter richtig auf.

[ ]

9 Schlage diese Wörter in der Wörterliste oder im Wörterbuch nach  .
Schreibe sie auf.

schlafen | Spiel | wohnen

Tür | Mann | Pflanze

[ ]

[ ]

10 Bilde zusammengesetzte Nomen und schreibe sie auf.

Heute gehe ich nach den Haus Aufgaben zu Anna. Wir wollen Bletter sameln. Wusstest du schon, dass man daraus farbe machn kann Das wollen wir heute probieren. Dan male ich mein Bilt ganz gelp und grün

11 Finde die Fehler und verbessere sie im Text. 

______

1 Schreibe die Wörter richtig auf.

Mit dem Auto ______  wir in den Urlaub.

Ich ______  zu Fuß zur Schule.

An der roten Ampel bleibt man ______  .

2 Trage die fehlenden Verben ein.

ich		
du		
ihr		

3 Schreibe diese Verben mit *ich, du* und *ihr* auf.

 ______  ______  ______

4 Schreibe die Wörter richtig auf.

______

______

______

______

______

5 Schreibe in wörtlicher Rede auf, was die Kinder sagen.

Ich mache mit meinem Opa eine Schiffsreise.
Wir fahren zu einsamen Inseln und sammeln
viele Muscheln. Das Schiff heißt Königin Martha.

6 Unterstreiche die Verben in der Sprechblase rot.

7 Schreibe die Verben im Präteritum auf.

ich ich

8 Setze die Verben *kaufen* und *essen* ins Perfekt.

A 

B 

A hoch

B schneller

9 Steigere die Adjektive und schreibe die fehlenden Wörter auf.

10 Schlage diese Wörter in der Wörterliste oder im Wörterbuch nach. Schreibe sie auf.

Klara hat sich an der Hant ferletzt. Es bluted stark Ihr Bruda holt ein Flaster und ein bonbon Da schtrahlt Klara wider!

11 Finde die Fehler und verbessere sie im Text.

12 Unterstreiche alle Nomen blau.

1 Schreibe die Wörter richtig auf.

Von dem Fenster aus kann ich die Schule ______  .

Ich ______  an dem Seil.

Hörst du die Pferde ______  ?

2 Trage die fehlenden Verben ein.

ich		
du		
ihr		

3 Schreibe diese Verben mit *ich, du* und *ihr* auf.

 ______  ______  ______

4 Schreibe die Wörter richtig auf.

5 Schreibe in wörtlicher Rede auf, was die Kinder sagen.

6 Unterstreiche die Verben in der Sprechblase rot.

7 Schreibe die Verben im Präteritum auf.

ich ich

8 Setze die Verben *kaufen* und *essen* ins Perfekt.

A  B 

A klein

B langsamer

9 Steigere die Adjektive und schreibe die fehlenden Wörter auf.

10 Schlage diese Wörter in der Wörterliste oder im Wörterbuch nach .
Schreibe sie auf.

Peter hat einen Hunt. Er will schpazieren gehen, aba er hat die leine ferloren Peter sucht in der ganzen Wonung. Wo schteckt sie blos? Ob Peter sie noch finded?

11 Finde die Fehler und verbessere sie im Text. 

12 Unterstreiche alle Nomen blau.

Stolperwörter

1. Die ist Schüler turnen an der Sprossenwand.
2. Im Aquarium Futter schwimmen Fische.
3. Die Tür schlägt ist weit offen.
4. Besten meine Kuscheltiere sitzen auf dem Bett.
5. Mein Bruder lacht Freude.
6. Willst du ein Fahrrad blau?
7. Ich Buch lese gerne Pferdegeschichten.
8. Die Suppe ist heiß Ofen.
9. Der Federball weit fliegt auf den Baum.
10. Ich esse gerne rot Salat.
11. Der Hund findet eine bellt Spur.
12. Ich Musik singe gerne fröhliche Lieder.
13. Verkleidest Pirat du dich gern?
14. Der Hamster brüllt rennt nachts in seinem Rad.
15. Die Wäsche ist waschen sauber.
16. Gruseligen vor Gespenstern fürchte ich mich nicht.
17. Meine Schuhe putzen sind schmutzig.
18. Es stürmt die ganze Nacht schwarz.
19. Die Hausaufgaben löst sind nicht schwer.
20. Meine Freundin bald holt mich ab.
21. Hast du meine turnen Schuhe gesehen?
22. In den Herbstferien wollen wünschen wir reiten.
23. Ich Freude gehe gerne in den Zirkus.
24. Der Clown fällt über seine lang Schuhe.
25. Zaubert er auch Mäuse Kostüm aus seiner Jacke?
26. Wir gehen in der Pause nach zu den Tieren.
27. Alle jung Elefanten laufen im Kreis.
28. Nach der Vorstellung Zelt spielen wir Zirkus.
29. Ich tanze möchte gerne die Seiltänzerin sein.
30. Meine Schwester stolpert als Clown in die unser Wohnzimmer.

1 In jeden Satz hat sich ein falsches Wort eingeschlichen.
Finde es heraus und unterstreiche es.

Die Kraft des Wassers

Hast du schon einmal bemerkt, welche Kraft Wasser hat? Du kannst es beobachten, wenn der Wasserstrahl den Duschschlauch hopsen lässt. Bei Hochwasser reißen Flüsse Steine, Bäume, ja manchmal sogar ganze Häuser mit sich.
Weil das Wasser schwere Lasten tragen kann, bauen die Menschen seit Urzeiten Flöße und Boote. Sie gehören zu den ältesten Verkehrsmitteln. Vor etwa 2000 Jahren wurden die ersten Mühlen gebaut. Diese Wassermühlen sind die ältesten Wasserkraftmaschinen. Sie nahmen Menschen und Tieren harte Arbeiten ab. Die Kraft des Wassers drehte nun zum Beispiel die Mühlsteine, mit denen Korn gemahlen wurde.
Das Wasser war eine praktische und billige Arbeitskraft.
Beim Kochen kannst du erleben, wie stark der Dampf des Wassers ist. Die zarten, fast durchsichtigen Wolken können Topfdeckel anheben. Diese Art der Wasserkraft nutzten die Menschen mit Dampfmaschinen. Sie konnten zum Beispiel Spinnmaschinen und Lokomotiven antreiben. Mit den Dampfmaschinen begann die moderne Zeit der Technik und der Fabriken.

☐ Wassermühlen
☐ Windmühlen
☐ Kaffeemühlen

1 Welches waren die ersten Mühlen?

☐ Lokomotiven
☐ Tretboote
☐ Flöße und Boote

2 Welche Verkehrsmittel gehören zu den ältesten Verkehrsmitteln?

3 Welche Zeit begann mit der Erfindung der Dampfmaschine?

☐ Wassermühlen nahmen Menschen und Tieren harte Arbeiten ab.
☐ Wasser ist eine praktische und billige Arbeitskraft.
☐ Mit Lokomotiven konnte man schwere Lasten über Land transportieren.

4 Welche Aussage kommt nicht im Text vor?

Stolperwörter

1. Der Kittel Zahnarzt untersucht unsere Zähne.
2. Fährst oder läufst aber du lieber?
3. Morgen wir haben eine Stunde später Unterricht.
4. Der Schulbus nach kommt heute 10 Minuten später.
5. Das Schwimmbecken ist voll groß Wasser.
6. Die Autolicht Lampe blendet mich.
7. Am Baum hängen dieses Jahr viele die Äpfel.
8. Die Katze schwarz hat eine Maus gefangen.
9. Ich pflücke für meine Mutter Strauß Blumen.
10. Ich stelle zum einen Nikolausabend die Stiefel vor die Tür.
11. Die Katze schnell fängt auch Vögel.
12. Die Eistänzerin läuft eine schwer Figur.
13. Das hinter Pferd zieht eine Kutsche.
14. Störche fahren gibt es in Deutschland im Sommer.
15. Kartoffelbrei stampfen mit Bratwurst esse ich nicht gern.
16. Ich war morgen gestern beim Arzt.
17. Ich trage bei Regen tropft einen Regenmantel.
18. Mein Bruder spielt Fußball werfen und Handball.
19. Meine Nachbarin laut übt fast jeden Tag Geige.
20. Ich habe einen Korb großen Steinpilz gefunden.
21. Grunzen Wildschweine wurden aus dem Maisfeld getrieben.
22. Der Löwe brüllt in der heiß Wüste.
23. Bei der Wanderung mit fand ich nicht den richtigen Weg.
24. Hinter unserem Auto tanzt fährt ein Bus.
25. Einige Mädchen lernen bewegen Ballett.
26. In den Weihnachtsferien Winter fahren wir ins Gebirge.
27. Unsere Sportgruppe trainiert Auftritt für den Wettkampf.
28. Was morgen schenkst du deiner Mutter zum Muttertag?
29. Der Hund hat sich gestoßen an und eine Pfote verletzt.
30. Ich habe meinen Fotoapparat in der Ausstellung liegen vergessen lassen.

(1) In jeden Satz hat sich ein falsches Wort eingeschlichen.
Finde es heraus und unterstreiche es.

Die Kraft des Wassers

Hast du schon einmal bemerkt, welche Kraft Wasser hat? Du kannst es beobachten, wenn der Wasserstrahl den Duschschlauch hopsen lässt. Bei Hochwasser reißen Flüsse Steine, Bäume, ja manchmal sogar ganze Häuser mit sich.
Weil das Wasser schwere Lasten tragen kann, bauen die Menschen seit Urzeiten Flöße und Boote. Sie gehören zu den ältesten Verkehrsmitteln. Vor etwa 2000 Jahren wurden die ersten Mühlen gebaut. Diese Wassermühlen sind die ältesten Wasserkraftmaschinen. Sie nahmen Menschen und Tieren harte Arbeiten ab. Die Kraft des Wassers drehte nun zum Beispiel die Mühlsteine, mit denen Korn gemahlen wurde.
Das Wasser war eine praktische und billige Arbeitskraft.
Beim Kochen kannst du erleben, wie stark der Dampf des Wassers ist. Die zarten, fast durchsichtigen Wolken können Topfdeckel anheben. Diese Art der Wasserkraft nutzten die Menschen mit Dampfmaschinen. Sie konnten zum Beispiel Spinnmaschinen und Lokomotiven antreiben. Mit den Dampfmaschinen begann die moderne Zeit der Technik und der Fabriken.

1 Welches waren die ältesten Wasserkraftmaschinen?

- ☐ Wassermühlen
- ☐ Dampfmaschinen
- ☐ Lokomotiven

2 Wem nahmen die Wassermühlen harte Arbeiten ab?

- ☐ dem Wasser
- ☐ Mensch und Tier
- ☐ dem Korn

3 Warum bauen Menschen seit Urzeiten Boote und Flöße?

____

____

4 Welche Aussage kommt nicht im Text vor?

- ☐ Flöße und Boote gehören zu den ältesten Verkehrsmitteln.
- ☐ Wasser ist eine praktische, aber sehr teure Arbeitskraft.
- ☐ Mit den Dampfmaschinen begann die moderne Zeit der Technik und der Fabriken.

Ein Ha◯e hoppelt auf eine Stra◯e. Mit seinen langen Fü◯en macht er einen gro◯en Satz und springt in die grüne Wie◯e. Mit seiner Na◯e riecht er an gelben und wei◯en Blüten.

1 s oder ß? Setze die richtigen Buchstaben ein.

2 Unterstreiche alle Nomen blau, alle Verben rot und alle Adjektive grün.

3 Schreibe die Geschichte im Präteritum auf.

4 Schreibe die Wörter richtig auf.

5 Suche zu zwei Wörtern ein verwandtes Wort. Schreibe sie auf.

er rollt	ihr könnt	es knallt	du rennst
knallen	rennen	sie fällt	rollen

6 Was gehört zusammen? Verbinde.

7 Zwei Wörter haben keinen Partner. Finde ihn und schreibe ihn auf.

8 Schreibe die Wörter richtig auf.

BISS | -HEIT | FREUND | -UNG | KRANK | -IG | BEDEUT | -LICH

9 Hier ist einiges durcheinandergeraten. Schreibe die Wörter richtig auf.

10 Unterstreiche die Adjektive grün.

ver | ein | weg | ab | fahren | kaufen

11 Bilde Wörter und schreibe sie auf.

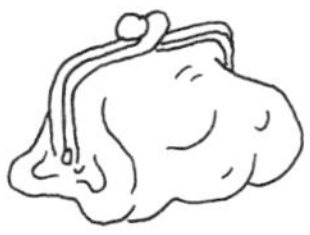

12 Schreibe diese Fremdwörter richtig auf. Wenn du dir nicht sicher bist, schlage im Wörterbuch oder in der Wörterliste nach.

Libe Laura,
bald fare ich mit meiner Muter an einen Se. Dort gipt es eine schife Brüke. Fon der könen wir Kinder ins Waser springen In unserem haus ist auch eine kaze. Di hat so ein weiches fell unt ihr schnurren hört sich an wie ein Liet. Aba sie ferstekt sich gerne in den Streuchern. Fehrst du auch in Urlaup?
Dein Mario

13 Finde die Fehler und verbessere sie im Text. 25

Neben der Stra◯e steht eine schöne Ro◯e auf einer Wie◯e.

Ein Mädchen pflückt sie und nimmt sie mit nach Hau◯e.

Dort stellt sie die wei◯e Blume in eine gro◯e Va◯e.

1 s oder ß? Setze die richtigen Buchstaben ein.

2 Unterstreiche alle Nomen blau, alle Verben rot und alle Adjektive grün.

3 Schreibe die Geschichte im Präteritum auf.

4 Schreibe die Wörter richtig auf.

5 Suche zu zwei Wörtern ein verwandtes Wort. Schreibe sie auf.

füllen	schellen	er bellt	es schellt
du schwimmst	bellen	sie kommt	sie füllt

6 Was gehört zusammen? Verbinde.

7 Zwei Wörter haben keinen Partner. Finde ihn und schreibe ihn auf.

8 Schreibe die Wörter richtig auf.

GEFÄHR | -HEIT | SCHÖN | -IG | VORSICHT | -UNG | KREUZ | -LICH

9 Hier ist einiges durcheinandergeraten. Schreibe die Wörter richtig auf.

10 Unterstreiche die Adjektive grün.

ver | ein | weg | ab   laufen | schlafen

11 Bilde Wörter und schreibe sie auf.

12 Schreibe diese Fremdwörter richtig auf. Wenn du dir nicht sicher bist, schlage im Wörterbuch oder in der Wörterliste nach  .

Liber Mario,
ich flige auch balt in Urlaup Dan schwime ich wie der Bliz durch das Mer und fare mit einem Paddel Boot. Das macht bestimt grosen Spas Hofentlich scheint die sonne, ich habe nemlich eine neue Bade Hose. Ich habe Kexe in meinen koffer gepakt, damit ich im Flukzeug keinen Hunger bekome. Schreib mir bald einen Brif!
Deine Laura

13 Finde die Fehler und verbessere sie im Text. 

Inhaltsverzeichnis

Autorin: Ellen Kuhrt
Herausgeber: Prof. Dr. Hartmut Günther
Illustration: Barbara Gerth-Mohr, Hamburg

1. Auflage
1 54321 | 2010 2009 2008 2007
Alle Drucke dieser Auflage können im Unterricht nebeneinander benutzt werden.
Die letzte Zahl bezeichnet das Jahr dieses Druckes.

Internet: www.duden-paetec.de

Redaktion: Daniela Brunner, Düsseldorf/Evelyne Büssing-Lörcks
Satz und Reproduktion: tiff.any GmbH, Berlin
Layout und Umschlaggestaltung: tiff.any GmbH, Berlin
unter Verwendung einer Illustration von Julia Ginsbach
Druck- und Bindearbeiten: Holzhausen Druck & Medien GmbH, Wien

Beilage zum Duden Arbeitsheft Deutsch 3